Torben Bartz

Staatsverschuldung in einem Modell überlappender Generationen

GRIN - Verlag für akademische Texte

Der GRIN Verlag mit Sitz in München und Ravensburg hat sich seit der Gründung im Jahr 1998 auf die Veröffentlichung akademischer Texte spezialisiert.

Die Verlagswebseite http://www.grin.com/ ist für Studenten, Hochschullehrer und andere Akademiker die ideale Plattform, ihre Fachaufsätze und Studien-, Seminar-, Diplom- oder Doktorarbeiten einem breiten Publikum zu präsentieren.

Dokument Nr. V46434 aus dem GRIN Verlagsprogramm

Torben Bartz

Staatsverschuldung in einem Modell überlappender Generationen

GRIN Verlag

Bibliografische Information Der Deutschen Bibliothek: Die Deutsche
Bibliothek verzeichnet diese Publikation in der Deutschen Nationalbibliografie; detaillierte bibliografische Daten sind im Internet über http://dnb.ddb.de/
abrufbar.

1. Auflage 2004
Copyright © 2004 GRIN Verlag
http://www.grin.com/
Druck und Bindung: Books on Demand GmbH, Norderstedt Germany
ISBN 978-3-638-73568-1

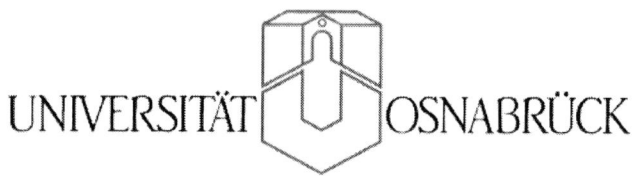

Fachbereich Wirtschaftswissenschaften

Seminararbeit im Fachgebiet
Makroökonomische Theorie

Thema des Seminars:
„Staatsaktivität und wirtschaftliche Entwicklung"

Thema 12: „Staatsverschuldung in einem Modell überlappender Generationen"

Universität Osnabrück
Fachgebiet Makroökonomische Theorie

Wintersemester 2004/2005

Osnabrück, den 13. Dezember 2004

    Betriebswirtschaftslehre
7. Fachsemester

I Inhaltsverzeichnis

Seite

I	Inhaltsverzeichnis	I
II	Symbolverzeichnis	III
1	**Einführender Teil**	1
2	**Staatsverschuldung**	2

    2.1 Wichtige finanzwissenschaftliche Begriffe   2
    2.2 Das Ricardo-Barro-Äquivalenztheorem   2
    2.3 Empirische Daten zur Entwicklung der Staatsverschuldung in der BRD   3
    2.4 Grenzen der Staatsverschuldung   4

3 Modelle überlappender Generationen   5

    3.1 Prämissen von Modellen überlappender Generationen   5
    3.2 Ein klassisches Modell überlappender Generationen   7
    3.3 Ein neoklassisches Modell überlappender Generationen   8

4 Modellierungen der Staatsverschuldung
in Modellen überlappender Generationen   9

    4.1 Auswirkungen der Staatsverschuldung   9
        4.1.1 Basismodellierung der Staatsverschuldung   9
        4.1.2 Auswirkungen der Staatsverschuldung in einem klassischen Modell
                überlappender Generationen   9
        4.1.3 Auswirkungen der Staatsverschuldung in einem neoklassischen Modell
                überlappender Generationen   11
    4.2 Erweiterungen der Modellierung   11
        4.2.1 Vorbemerkungen   11
        4.2.2 Grenzen der Staatsverschuldung   12
        4.2.3 Berücksichtigung des Auslandes   13

5 Ausblick   15

III Anhang 16

Anhang A: 16
    Empirische Daten
Anhang B: 18
    Die Modellierung von sozialen Sicherungssystemen in OLG-Modellen
Anhang C: 20
    Existenz von Schuldengrenzen im OLG-Modell von Diamond

IV Literaturverzeichnis 24

II Symbolverzeichnis

A	Ausgaben des Staates für Güter, Dienste und Transfers
B	Verschuldung des Staates
B'	Nettoneuverschuldung des Staates
B_{max}	maximale zulässige Staatsverschuldung
b	Rentenzahlung des Staates an die pensionierte Generation
c	Konsum
d	Staatsverschuldung (inklusive Zinszahlungen)
d_{max}	maximal zulässige Staatsverschuldung (inklusive Zinszahlungen)
E	Einnahmen des Staates (Steuern und Abgaben)
f	Reservefond des Staates
g_k	Wachstumsrate des Kapitalstocks
g_y	Wachstumsrate des Outputs
k	Kapitalstock
n	Wachstumsrate der Bevölkerung
$\bar{n}$	Wachstumsrate der Bevölkerung (exogen gegeben)
r	Zinssatz
s	Sparen der Haushalte
t	Steuerzahlungen
u	Nutzen
v	Profitrate
w	Lohn
$\bar{w}$	Lohn (exogen gegeben)
y	Output der Volkswirtschaft
z	Zinszahlungen des Staates
z_{max}	maximal zulässige Zinszahlungen des Staates

α   Produktionselastizität

β   Sparquote

γ   Aufteilung der Steuerlast zwischen arbeitender und pensionierter Generation

δ   Abschreibungsrate

τ   Steueraufkommen

- Tiefgestellte Indizes stellen Periodenbezüge dar.

- Hochgestellte Indizes repräsentieren den Status, innerhalb dessen sich der Haushalt befindet (z.B. c^A : Konsum innerhalb der Erwerbsperiode bzw. c^P : Konsum in der Periode nach der Pensionierung[1])

---

[1] Im weiteren Verlauf der Arbeit wird auf eine begriffliche Trennung zwischen Pensionären und Rentnern verzichtet.

1 Einführender Teil

Die Diskussion über die Konsequenzen der Staatsverschuldung hat seit langer Zeit seinen festen Platz in der politischen Debatte. Einerseits sollten die Grenzen der Staatsverschuldung durch den Maastricht-Vertrag deutlich gesetzt sein. Andererseits scheinen die durch Maastricht definierten Kriterien durch wiederholte Verletzung einiger Staaten immer mehr aufzuweichen. Den Höhepunkt fand diese Entwicklung jedoch in der offensichtlichen Fälschung einiger Statistiken durch Griechenland, in denen Schuldenstände zu niedrig ausgewiesen wurden.

Der Schuldenstand, der bis zum heutigen Zeitpunkt aufgelaufen ist, kann die Entwicklungschancen kommender Generationen nachhaltig beeinflussen. Man beachte, dass ein am 01.01.2004 geborenes Kind bereits mit einer öffentlichen Schuldenlast von 16.066 Euro[2] „in das Leben startet". Weiterhin darf nicht missachtet werden, in welchem Ausmaß die Verschuldung den öffentlichen Gesamthaushalt belastet. Im Jahr 1996 machte der Schuldendienst einen Anteil von 10,9 % der Gesamtausgaben von Bund, Ländern und Gemeinden aus, bzw. einem Anteil von 3,7 % des Bruttoinlandsproduktes (vgl. Andel 1999, S. 396). Angesichts dieser Zahlen scheint die Frage nach den Auswirkungen und den Grenzen der Staatsverschuldung berechtigt zu sein.

Diese Arbeit will die Frage der Auswirkungen der Staatsverschuldung mittels Modellen überlappender Generationen[3] untersuchen. Anhand der hier vorgestellten Modelle, die den vereinfachten Fall zweier überlappender Generationen betrachten, werden die Konsequenzen der Staatsverschuldung auf ökonomisch relevante Größen der verschiedenen Generationen abgeleitet. Zu diesem Zwecke werden in Abschnitt 2.1 zunächst wichtige Grundbegriffe definiert und ein Wirkungstheorem der Staatsverschuldung vorgestellt. Um einen Überblick über das Ausmaß der Staatsverschuldung zu erhalten, werden im Abschnitt 2.3 empirische Daten präsentiert und im Abschnitt 2.4 die Frage nach den Grenzen der Staatsverschuldung gestellt, zunächst jedoch ohne überlappende Generationen zu berücksichtigen.

Um im Kapitel 4 makroökonomische Effekte der Staatsverschuldung für unterschiedliche Generationen untersuchen zu können, werden im Kapitel 3 ein klassisches und ein neoklassisches Modell überlappender Generationen vorgestellt. In Kapitel 4 wird die Staatsschuld explizit in die Modellierung einbezogen. Im klassischen OLG-Modell ergibt sich durch ein Staatsdefizit eine Beeinflussung der Sparentscheidung der Haushalte und damit der Wachstumsrate des Kapitalstocks, der Wachstumsrate des Outputs und der Wachstumsrate

---

[2] Als Maßgröße dient hier der Schuldenstand bezogen auf die Zahl der Einwohner. So ergibt sich für das Jahr 2003 (2002) für den öffentlichen Gesamthaushalt ein Schuldenstand von 16.066 (15.195) Euro pro Einwohner (www.destatis.de/basis/d/fist/fist025.php).
[3] Im Folgenden auch OLG-Modelle genannt.

der Population. Im neoklassischen OLG-Modell ergibt sich dagegen, dass ein Budgetdefizit des Staatshaushaltes keine Auswirkungen auf die Wachstumsrate des Outputs haben kann.

Da die Modellierung bis einschließlich Abschnitt 4.1 sehr einfach gehalten ist und viele Aspekte ausblendet, werden im Abschnitt 4.2 mögliche Erweiterungen der OLG-Modellierungen präsentiert. So kann z.B. das Ausland berücksichtigt werden oder aber die Frage nach der Grenze der Staatsverschuldung, die bereits in Abschnitt 2.4 eher mechanistisch beleuchtet wurde, in einem OLG-Kontext erneut untersucht werden. Im Abschnitt 5 wird schließlich ein Ausblick auf etwaige Entwicklungen der OLG-Modellierungen, sowie auf mögliche wirtschaftspolitische Entwicklungen gewagt.

2 Staatsverschuldung

2.1 Wichtige finanzwissenschaftliche Begriffe

Unter den Begriff der Staatsverschuldung kann man alle Forderungen subsumieren, die an den Staat gerichtet sind. In einer weiten Auslegung kann man zu diesen Forderungen, angefangen von Finanzschulden (die der Einnahmenbeschaffung dienen), über Verwaltungsschulden (z.B. Lohnforderungen) bis hin zu Rentenansprüchen an den Staat, zählen. Die Finanzwissenschaft ordnet i.d.R. nur die Finanzschulden den Staatsschulden zu (explizite Schulden), obwohl z.B. in Zukunft fällige Rentenansprüche ähnliche Verpflichtungen des Staates darstellen (implizite Schulden).[4]

Staatsschulden i.S. von Finanzschulden sind als eine Bestandsgröße B_t aufzufassen, die sich als Summe aller Nettoneuverschuldungen in der Vergangenheit B'_t plus den zum Anfangszeitpunkt vorhandenen Schuldenstand B_0 (vgl. Blankart 1998, S. 338) ergibt. Hierbei stellt die Nettoneuverschuldung B'_t eine Stromgröße dar, die sich aus dem Saldo von Staatseinnahmen E_t und Staatsausgaben (inklusive Zinszahlungen) A_t ergibt (vgl. Blankart 1998, S. 337-338).[5] Es gelten folgende Gleichungen:

(1) $\qquad B_t = B_0 + B'_1 + B'_2 + \ldots + B'_{t-1} + B'_t$

(2) $\qquad B'_t = A_t - E_t$

2.2 Das Ricardo-Barro-Äquivalenztheorem

D. Ricardo vertrat 1817 die Auffassung, dass es für Wirtschaftssubjekte vollkommen irrelevant sei, welcher Anteil eines gegebenen Ausgabevolumens des Staates durch Steuern

---

[4] Die Beziehung zwischen Finanzschulden und Rentenansprüchen wird im Abschnitt 4.1.1 verdeutlicht.
[5] Sofern ein Überschuss der Staatsausgaben über die Staatseinnahmen vorliegt, lässt sich von einer Nettoneuverschuldung sprechen.

finanziert ist. Er stellte ein Theorem auf, welches besagt, dass die Wohlfahrt der Wirtschaftssubjekte durch die Art der Finanzierung der Staatsausgaben unbeeinflusst bleibt.

Zur Veranschaulichung dieses Gedankens soll ein Beispiel herangezogen werden. Ausgangspunkt ist eine Situation, in der der Staat die Wahl hat, ein Haushaltsdefizit entweder durch eine Steuererhöhung i.H.v. einer GE pro Bürger zu schließen oder aber einen Kredit in entsprechender Höhe aufzunehmen. Entschließt sich der Staat in Periode 1 auf die Steuererhöhung zu verzichten und den Kredit aufzunehmen, erhöht sich das verfügbare Einkommen der Haushalte in Periode 1 um eine GE. In Periode 2 möge die Staatsschuld zurückzuzahlen sein, wodurch aufgrund des Zinsendienstes und der Tilgung eine Steuererhöhung i.H.v. $1(1+r)$ GE pro Bürger notwendig wird. Für die Haushalte steht also einer Steuersenkung in Periode 1 eine Steuererhöhung in Periode 2 entgegen. Durch Diskontierung der Steuererhöhung auf den Gegenwartszeitpunkt ergibt sich die Neutralität der Staatsschulden, da $1(1+r)/(1+r) = 1$ ist.

Als Fazit der Überlegungen lässt sich somit feststellen, dass aufgrund der intertemporalen Budgetbeschränkung[6] Staatsschulden kein geeignetes Mittel sind, um die Finazierungslast von der Gegenwart in zukünftige Perioden zu verschieben (vgl. Blankart 1998, S. 344-345).[7]

2.3 Empirische Daten zur Entwicklung der Staatsverschuldung in der BRD

Die ab Abschnitt 3 folgende modelltheoretische Analyse der Staatsverschuldung soll in diesem Abschnitt durch eine Betrachtung einiger empirischen Daten zur Staatsverschuldung – im nationalen und internationalen Vergleich - angereichert werden.[8]

Betrachtet man die nationale Entwicklung von Nettoneuverschuldung und Schuldenstand in Tabelle 1 im Anhang A, so wird eine unter heutigen Gesichtspunkten eher gemäßigte Steigerung beider Größen bis zum Jahre 1970 ersichtlich. So ergab sich zwischen 1950 und 1970 eine Verdoppelung des Schuldenstandes in etwa 6,5 Jahren, während diese Verdoppelung in den 70er Jahren alle 5,4 Jahre auftrat. Nachdem in den 80er Jahren eine zeitweilige Verlangsamung erreicht werden konnte und sich eine Verdoppelung nur noch alle 9 Jahre ergab, kam es in den 90er Jahren, bedingt durch die Wiedervereinigung, zu einer neuen Schuldenexplosion (vgl. Blankart 1998, S.338-339). Im Jahre 2003 ergab sich ein Schuldenstand von Bund, Ländern und Gemeinden in Höhe von 1,325 Billionen Euro, wovon der Hauptteil auf den Bund entfällt (819,3 Mrd. Euro). Länder (419 Mrd. Euro) und

---

[6] Zur intertemporalen Budgetbeschränkung bzw. -restriktion vgl. auch Abschnitt 2.4.
[7] R.J. Barro hat dieses klassische Gedankengut 1974 wieder aufgenommen. Er stellt fest, „that there is no persuasive theoretical case for treating government debt, at the margin, as a net component of perceived household wealth" (Barro 1974, S. 1116). Dennoch stellt er einige Voraussetzungen auf, an die die Gültigkeit des Theorems gebunden ist (vgl. Blankart 1998, S.345-352).
[8] Die entsprechenden Daten befinden sich in Tabellenform im Anhang A.

Gemeinden (91,5 Mrd. Euro) weisen aber starke Zuwächse auf, wenn man die Entwicklung ab 1980 betrachtet.

Absolute Zahlen haben zur Beurteilung der Staatsverschuldung nur eine geringe Aussagekraft. Häufig ist es zweckmäßiger, die Staatsverschuldung bzw. die Nettoneuverschuldung mit anderen Größen in Beziehung zu setzen. Als Kenngröße wird häufig die Relation von Schuldenstand bzw. Finanzierungsdefizit und Bruttoinlandsprodukt (BIP) verwendet. Besondere Bedeutung haben diese Kenngrößen im Rahmen des Maastricht-Vertrages erhalten.[9]

Aus Tabelle 2 im Anhang A wird ersichtlich, dass Deutschland sowohl bei der Kenngröße Finanzierungsdefizit/BIP als auch Schuldenstand/BIP den Anforderungen des Maastricht-Vertrages ab 2002 nicht mehr genügen konnte. Gerade wenn man den Durchschnitt der EU-Mitgliedsstaaten (vor der Erweiterung vom 01.05.2004) betrachtet wird deutlich, dass die BRD seit 2001 für die Kenngröße Finanzierungsdefizit/BIP und seit 2002 für die Kenngröße Schuldenstand/BIP deutlich über diesem Referenzwert liegt. Dagegen ragen insbesondere Staaten wie Luxemburg, Finnland, Dänemark und Schweden im internationalen Vergleich der beiden Kenngrößen heraus. So weist etwa Luxemburg für die Jahre 2001 und 2002 einen positiven Finanzierungssaldo auf (+6,3% bzw. +2,7% des BIPs) und dieses bei einem Schuldenstand von lediglich ca. 5% des BIPs.[10]

2.4 Grenzen der Staatsverschuldung

Auf lange Sicht betrachtet gilt für den Staat eine intertemporale Budgetbeschränkung: Jede Geldeinheit, die heute aufgenommen wird, schränkt morgen den budgetären Handlungsspielraum ein und kann den Staat im schlimmsten Fall in eine Schuldenfalle führen. Langfristig können die Staatsausgaben nicht größer sein als die Einnahmen aus Steuern (vgl. Blankart 1998, S.341).[11]

Blankart hat gezeigt, dass die Zinszahlungen des Staates langfristig aus dem Sozialprodukt beglichen werden müssen. Die Staatsschuld kann auf lange Sicht nicht größere Wachstumsraten aufweisen als das Sozialprodukt, da sich ansonsten die Tragbarkeit der Schuld nicht mehr gewährleisten lässt.

Die Nettoneuverschuldung B'_t lässt sich durch folgende Gleichung darstellen:

---

[9] Auf Drängen der BRD wurden in den Vertrag über die Europäische Union Bestimmungen aufgenommen, die die öffentliche Verschuldung der beteiligten Länder begrenzen sollten. Durch Art. 104 c Abs. 2 EG-Vertrag und das „Protokoll über das Verfahren bei übermäßigen Defizit" werden die Kennzahlen Finanzierungssaldo/BIP mit 3% und Schuldenstand/BIP mit 60% festgelegt (vgl. Andel 1999, S.402).
[10] Vgl. Tabelle 2 im Anhang A.
[11] Der Staat kann daher kein so genanntes „Ponzi-Spiel" betreiben. Das „Ponzi-Spiel" führt zu einer Schuldenexplosion, indem ein Schuldner (egal ob staatlich oder privat) seine Zinsen und Rückzahlungen aus fortgesetzter Neuverschuldung begleicht (vgl. Blankart 1998, S. 341).

$$\text{(3)} \qquad B'_t = A_t - E_t + rB_t$$

Selbst bei einem ständigen Ausgleich von Staatseinnahmen E_t und Staatsausgaben A_t kommt es nach Gleichung (3) durch die Zinslast zu einem exponentiellen Wachstum der Staatsschuld, wenn im Startpunkt eine Staatsschuld $B_t > 0$ vorliegt. Ohne einen Überschuss der Staatseinnahmen über die Staatsausgaben ist daher in einer **nicht**-wachsenden Volkswirtschaft die Schuldenlast auf Dauer nicht tragbar.

Als Bedingung der Tragbarkeit der Staatsschuld in einer mit der Rate g_y **real wachsenden** Volkswirtschaft formuliert Blankart, dass die Schuldenquote B_t / y_t konstant bleibt. Durch Ableitung der Schuldenquote nach der Zeit und Verwendung von (3) ergibt sich:

$$\text{(4)} \qquad \frac{d\left(\dfrac{B_t}{y_t}\right)}{dt} = \frac{A_t - E_t}{Y_t} + (r - g_y)\frac{B_t}{y_t}$$

Nach Gleichung (4) sind drei Fälle zu unterscheiden, in denen die Staatsschuld in einer wachsenden Volkswirtschaft (ohne Inflation) dauerhaft tragbar ist:[12]

i) Wenn sich bei $r = g_y$ die Staatseinnahmen und die Staatsausgaben ausgleichen, wird eine Anfangsschuld B_0 aus dem Wirtschaftswachstum finanziert.

ii) Wenn bei $r > g_y$ ein Überschuss der Staatseinnahmen über die Staatsausgaben erwirtschaftet wird.

iii) Wenn bei $r < g_y$ ein etwaiges Defizit der Bedingung $\dfrac{B'_t}{B_t} = (g_y - r)$ genügt (vgl. Blankart 1998, S.341-343).[13]

Als kritisch ist insbesondere der zweite Fall zu sehen, da der Staat hier gezwungen ist, einen Überschuss der Staatseinnahmen über die Staatsausgaben zu generieren. Dagegen bleibt im dritten Fall die Schuld sogar bei einem ständigen Haushaltsdefizit tragbar.

3 Modelle überlappender Generationen
3.1 Prämissen von Modellen überlappender Generationen

Denen in Abschnitt 2 präsentierten Darstellungen mangelte es an einer Betrachtung, inwieweit verschiedene Generationen durch die Staatsschuld belastet werden. Dieses Manko soll durch die Darstellung der Staatsverschuldung in OLG-Modellen behoben werden.

---

[12] Als Bedingung einer konstanten Schuldenquote muss $\dfrac{dB_t}{dy_t} = 0$ gelten.

[13] Der Ausdruck ergibt sich aus Gleichung (4) mit $B'_t = A_t - E_t$.

Modelle überlappender Generationen werden mehrheitlich auf P.A. Samuelson[14] (vgl. Samuelson 1958, 467-482) zurückgeführt. Es wird teilweise auch die gegenteilige Auffassung vertreten, dass die ursprüngliche Idee Maurice Allais zuzurechnen ist (vgl. Ganske 1999, S.1).

Das zentrale Charakteristikum von Modellen überlappender Generationen ist, dass eine explizite Differenzierung zwischen verschiedenen lebenden Generationen vorgenommen wird. Die Klasse der OLG-Modelle als mikroökonomisch fundierte dynamische markoökonomische Modelle zeichnet sich allgemein dadurch aus, dass die Akteure, die in der modellierten Ökonomie leben, eine endliche Lebenszeit aufweisen. Je nachdem, ob die Modelle in stetiger oder diskreter Zeit formuliert werden, wird entweder zu jedem Zeitpunkt t oder aber jede Periode, eine neue Generation geboren.[15] Als Ergebnis dieser Annahmen folgt, dass eine demographische Struktur vorliegt, die den Zeithorizont der Modelle, d.h. der modellierten Ökonomien, unendlich werden lässt, nicht jedoch den Zeithorizont, der die Ökonomie bevölkernden Akteure.

Die Klasse der OLG-Modelle ist von einer zweiten Klasse mikroökonomisch fundierter dynamischer makroökonomischer Modelle, den RA-Modellen, abzugrenzen, in denen sowohl die modellierten Ökonomien als auch die in ihnen lebenden Akteure einen unendlichen Zeithorizont haben (vgl. Ganske 1999, S. 1).

Wie bereits oben beschrieben, leben die ökonomischen Akteure in OLG-Modellen nur eine begrenzte Zeit, so dass sie folglich ihre Konsum- und Sparentscheidungen über einen begrenzten Zeitraum vornehmen. Als Implikation ergibt sich, dass das Ricardo-Barro-Äquivalenztheorem in diesen Modellen - im Gegensatz zu den RA-Modellen - nicht gilt.

Die arbeitende Generation spart in OLG Modellen, um ihre Pensions- bzw. Rentenzeit finanzieren zu können. Als Annahme gilt, dass die Haushalte in dieser Periode nicht mehr in der Lage sind, Einkommen zu erzielen. Da sie jedoch weiter überleben müssen, ergibt sich ein starkes Motiv, um in der Arbeitsperiode zu sparen[16] (vgl. Foley/Michl 1999 , S. 229-230).

---

[14] Samuelson untersucht in einem OLG Modell unter Wettbewerbsbedingungen („competitive markets") die Auswirkungen von stationären Populationen bzw. von wachsenden Populationen auf den Zins (Samuelson 1958, S. 468).
[15] Im folgenden werden aus Gründen der einfacheren mathematischen Handhabung lediglich Betrachtungen in diskreter Zeit vorgenommen.
[16] Diese Sichtweise entspricht der von Modigliani vertretenen Lebenszyklushypothese des Sparens. Hier ermöglicht das Sparen einen konstanten Einkommensstrom über den gesamten Lebenszyklus hinweg, obwohl das Arbeitseinkommen auf eine Periode konzentriert ist. In der Rentenperiode wird folglich komplett entspart. (Foley/Michl 1999, S. 230). Die Existenz von intergenerationalen Transfers (Vererbung, Geschenke etc.) widerspricht dieser Hypothese. Studien, in denen der Versuch unternommen wird, diese intergenerationalen Transfers quantitativ zu bestimmen, wurden u.a. von Modigliani (Modigliani 1988, S. 15-40) und Kotlikoff (Kotlikoff 1988, S. 41-58) durchgeführt. Weiterhin finden sich hier weitere Untersuchungen über das Sparmotiv von Haushalten. Lehnt man die Existenz von intergenerationalen Transfers ab, so ergibt sich als Implikationen, dass die Gültigkeit des Ricardo-Barro-Äquivalenztheorems abzulehnen ist (vgl. Blankart 1998, S.350).

Ein Beispiel für eine Konsumentscheidung in einem OLG-Modell findet sich im Anhang C I. Die in folgenden Abschnitten vorausgesetzten Konsumentscheidungen lassen sich in ähnlicher Weise herleiten.

3.2 Ein klassisches Modell überlappender Generationen

In der hier vorgestellten klassischen Version eines OLG-Modells variiert die Wachstumsrate der Population, um den Lohn bzw. den Lohnanteil konstant zu halten.

Die Technologie des hier vorgestellten Modells ist ein Leontief System, welches durch die Parameter k, y und d beschrieben werden kann. Es wird vom technischen Fortschritt abstrahiert, wodurch die Arbeitsnachfrage ausschließlich von dem Kapitalstock abhängt, der in dem ökonomischen System in der betreffenden Periode existiert. Es gelten folgende Gleichungen:

(5) $\quad w = y - vk$

(6) $\quad c = y - (g_k + \delta)k$

Nach Gleichung (5) ergibt sich der Lohn w als Residuum von Output y und Profit vk. Der Konsum c resultiert entsprechend als Residuum zwischen Output und Sparen/Investition.

Unter der klassischen Annahme, dass der markträumende Lohn konstant $\overline{w}$ beträgt und dass dieser Vollbeschäftigung ermöglicht, wird die Anzahl der jungen, arbeitenden Haushalte in Periode t + 1 von der Ersparnis der arbeitenden Haushalte in Periode t bestimmt.

Unter den obigen Annahmen muss auf einem Gleichgewichtspfad die Wachstumsrate der Bevölkerung n gleich der Wachstumsrate des Kapitalstocks g_k sein. Weiterhin muss die Wachstumsrate des Outputs g_y ebenfalls g_k entsprechen. Der Kapitalstock der nächsten Generation muss vollständig durch das Sparen der aktuell arbeitenden Generation finanziert werden, da die aktuell pensionierte Generation ihre gesamten, in ihrer Erwerbsperiode kumulierten Ersparnisse konsumiert. Folglich muss die Ersparnis der aktuell arbeitenden Generation $s^A = \beta w$ es ermöglichen, den unabgeschriebenen Kapitalstock der pensionierten Generation $(1-\delta)k$ wiederzukaufen und darüber hinaus Bruttoinvestitionen $(g_k + \delta)k$ zu realisieren. Auf einem Wachstumspfad muss folgende Bedingung erfüllt sein:

(7) $\quad (1-\delta)k + (g_k + \delta)k = (1 + g_k)k = \beta w = s^A$

Durch diesen Zusammenhang zwischen Sparen und Investitionen ist die Wachstumsrate des Kapitalstocks des klassischen OLG-Modell bestimmt. Durch einfache Umformung ergibt sich folgende Beziehung zwischen dem Lohnsatz w und der Wachstumsrate des Kapitalstocks $g_k + \delta$:

$$\text{(8)} \quad w = \frac{(1-\delta + (g_k + \delta))k}{\beta} = \frac{(1+g_k)k}{\beta}$$

Das Modell schließt mit der Annahme eines konventionellen Lohns $w = \bar{w}$.

Im klassischen OLG-Modell bestimmt der Lohn $\bar{w}$ die Profitrate v über das Lohn/Profit Verhältnis. Somit ist die Einkommensverteilung eindeutig bestimmt. Darüber hinaus bestimmt der Lohn die Wachstumsraten des Kapitalstocks, des Arbeitsangebots und des Outputs durch Gleichung (7). Der Konsum pro Arbeiter c wird aufgeteilt auf den Konsum der aktuell arbeitenden Generation c^A und dem der pensionierten Generation c^P. Da das Arbeitsangebot per Annahme mit der Rate g_{k-1} wächst, gibt es für jeden pensionierten Arbeiter jeweils $1+g_{k-1}$ aktive Arbeiter, die jeweils eine Arbeitseinheit der betrachteten Ökonomie zur Verfügung stellen sollen. Somit gilt für den Konsum:

$$\text{(9)} \quad c = c^A + \frac{c^P_{-1}}{1+g_{k-1}}$$

Die pensionierte Generation konsumiert den von ihr in der Erwerbsperiode akkumulierten Kapitalstock (abzüglich der Abschreibungen und zuzüglich des Profites):

$$\text{(10)} \quad c^P_{-1} = (1-\delta + v)s^A_{-1} = (1-\delta + v)(1+g_{k-1})k$$

Die gesamte Ersparnis pro Arbeitskraft ergibt sich als Differenz zwischen dem Output und dem Konsum pro Arbeitskraft (vgl. Foley/Michl 1999, S.232-234):

$$\text{(11)} \quad y - c = w - c^A + vk - \frac{c^A_{-1}}{1+g_{k-1}} = s^A - (1-\delta)k$$

3.3 Ein neoklassisches Modell überlappender Generationen

Das im Rahmen dieser Arbeit vorgestellte neoklassische OLG-Modell geht davon aus, dass die Wachstumsrate der (mengenmäßigen) Arbeitskraft $\bar{n}$ exogen gegeben ist und dass sich der Lohn w flexibel anpasst, so dass der Arbeitsmarkt geräumt ist.[17]

Genau wie im klassischen OLG-Modell muss auch hier die Wachstumsrate des Kapitalstocks der Wachstumsrate des (mengenmäßigen) Arbeitsangebots entsprechen, somit gilt: $g_k = \bar{n}$. Weiterhin gelten die Gleichungen (5) bis (7) entsprechend auch im neoklassischen OLG-Modell.

Mit der Annahme $g_k = \bar{n}$ und Gleichung (7) folgt:

---

[17] Im klassischen OLG-Modell ist hingegen der Lohn exogen gegeben und die Wachstumsrate der Population passt sich an.

(12) $\quad \beta w = (1+\bar{n})k$

Die exogen gegebene Wachstumsrate der (mengenmäßigen) Arbeitskraft bestimmt nicht nur die Wachstumsrate des Kapitals g_k, sondern auch den Konsum c. Durch die Restriktion, dass die Ersparnis der arbeitenden Generation dem Kapitalstock entsprechen muss, der notwendig ist, um die nächste Generation zu beschäftigen, ergibt sich für den Lohn:[18]

(13) $\quad w = (1+n)\dfrac{k}{\beta}$

Die arbeitende Generation spart genug von ihrem Lohn, um den nicht abgeschriebenen Kapitalstock der pensionierten Generation zurückzukaufen und um neues Kapital aufzubauen, welches die Arbeitsplätze der nachfolgenden Generation sichert. Der verbleibende Anteil des Lohnes wird vollständig konsumiert.

Für die pensionierte Generation ergibt sich folgender Konsum:

(14) $\quad c^P = (1-\delta + v)(1+\bar{n})k$

Es wird somit der Wert des nicht abgeschriebenen Kapitalstocks zuzüglich des Profites von der pensionierten Generation konsumiert (vgl. Foley/Michl 1999, S. 236-238).

4 Modellierungen der Staatsverschuldung in Modellen überlappender Generationen
4.1 Auswirkungen der Staatsverschuldung
4.1.1 Basismodellierung der Staatsverschuldung

Die im folgenden Abschnitt dargestellte Modellierung der Staatsverschuldung baut auf einer Modellierung von sozialen Sicherungssystemen in OLG Modellen auf (vgl. Foley/Michl 1999, S. 245-251). Da diese Themenstellung jedoch nicht Hauptgegenstand dieser Arbeit ist, werden hier nur die zum weiteren Verständnis der Arbeit notwendigen Aspekte präsentiert. Die vollständige Herleitung der Ergebnisse finden sich im Anhang B.

Wesentlich zum Verständnis der folgenden Ausführungen ist, dass der Staat einen Reservefond f bildet, der sowohl negativ als auch positiv sein kann. Der Fall eines sozialen Sicherungssystems ohne Kapitaldeckung (d.h. ohne einen positiven Reservefond) entspricht dem Fall einer Staatsverschuldung (Rankin/Roffia 2003, S.228). Die Modellierung von sozialen Sicherungssystemen und der Staatsverschuldung sind somit eng verknüpft.

---

[18] Bei sehr kleinem ß und sehr großem $\bar{n}$ ergibt sich keine gleichgewichtige Profitrate v, da es keinen ausreichend hohen Lohn w gibt, der die Arbeiter dazu veranlässt, einen für die Vollbeschäftigung der folgenden Generation ausreichenden Kapitalstock durch Ersparnis aufzubauen.

Als Annahme der Modellierung der Staatsverschuldung gilt, dass der Staat eine Rentenzahlung b an jeden Haushalt der pensionierten Generation leistet. Diese Leistung wird jedoch nicht (wie bei der Modellierung der sozialen Sicherungssysteme) durch Steuern finanziert, sondern vollständig durch eine Verschuldung des Staates. Durch eine derartige Politik resultiert ein über die Zeit ansteigender negativer Reservefond f. Hierdurch ergeben sich zwei verschiedene Ausgaben für die Regierung: die Rentenzahlungen b und die Zinsen für die Verschuldung $B = -f$.

Unter der Annahme einer Cobb-Douglas Nutzenfunktion der Haushalte folgt für den Konsum c^A, c^P bzw. für das Sparen s^A:[19]

$$(15) \quad c^A = (1-\beta)\left(w + \frac{b}{1+r_{+1}}\right)$$

$$(16) \quad s^A = w - c^A = \beta w - (1-\beta)\left(\frac{b}{1+r_{+1}}\right)$$

$$(17) \quad c^P = (1+r)s^A + b$$

Der negative Reservefond, der die Staatsverschuldung zum Ausdruck bringt, wächst entsprechend der folgenden Gleichung:[20]

$$(18) \quad f = \frac{(1+r)f_{-1} - b}{1+g_{k-1}}$$

Das Defizit muss durch die Ersparnis der arbeitenden Haushalte finanziert werden. Die arbeitenden Haushalte erwerben somit Bonds des Staates, wodurch für die Beziehung zwischen Investition und Sparen gilt:

$$(19) \quad (1+g_k)k = s^A + f = \beta w - (1-\beta)\left(\frac{b}{1+r_{+1}}\right) + f$$

Als Beziehung zwischen Lohn und Wachstumsrate resultiert folgende Bedingung:

$$(20) \quad w = \frac{1-\delta + (g_k + \delta)k}{\beta} + b\left(\frac{1-\beta}{\beta(1+r_{+1})}\right) - f$$

---

[19] Anmerkung: es werden zusätzlich Resultate verwendet, die sich im Anhang B (bei der Modellierung von sozialen Sicherungssystemen) finden.
[20] Vgl. Gleichung (B1- B6) im Anhang B.

4.1.2 Auswirkungen der Staatsverschuldung in einem klassischen Modell überlappender Generationen

In dem im Abschnitt 3.2 vorgestellten klassischen OLG-Modell kann ein Staatsdefizit die Sparentscheidung der Haushalte beeinflussen. Es ergibt sich somit eine Beeinflussung der Wachstumsraten von Kapitalstock und Output und damit der Wachstumsrate der Population. Da der Lohn $\overline{w}$ im klassischen OLG Modell exogen gegeben ist, werden sowohl Lohn als auch Profitrate von dem Budgetdefizit nicht beeinflusst (vgl. Foley/Michl 1999, S.244).[21]

4.1.3 Auswirkungen der Staatsverschuldung in einem neoklassischen Modell überlappender Generationen

Das neoklassische OLG-Modell, welches im Abschnitt 3.3 vorgestellt wurde, weist vollständig gegensätzliche Ergebnisse auf. Da es sich um ein Wachstumsmodell unter Vollbeschäftigung handelt, ist die Wachstumsrate des Outputs durch die exogen vorgegebene Wachstumsrate der Arbeitskraft $\overline{n}$ und damit der exogenen Rate des arbeitssparenden technischen Fortschritts gegeben.[22] Als Ergebnis der Annahmen resultiert, dass ein Budgetdefizit des Staatshaushaltes keine Auswirkungen auf die Wachstumsrate des Outputs haben kann. Das Budgetdefizit beeinflusst jedoch sehr wohl die Sparentscheidung der Haushalte, die Investitionen, den Lohn und die Profitrate (vgl. Foley/Michl 1999, S.244).

4.2 Erweiterungen der Modellierung

4.2.1 Vorbemerkungen

Die im Abschnitt 4.1 dargestellte Analyse war in vielerlei Hinsicht sehr einfach gehalten und es wurden für die wirtschaftliche Realität relevante Größen ausgeblendet. In diesem Abschnitt sollen Möglichkeiten präsentiert werden, wie die Modellierung erweitert werden kann und damit ein wirklichkeitsgetreueres Abbild der Realität geschaffen werden kann. So besteht z.B. die Möglichkeit, die Grenzen der Staatsverschuldung in einem OLG-Kontext zu untersuchen. Neben den Untersuchungen von Rankin/Roffia[23] hat sich u.a. Chalk (vgl. Chalk 2000, S.293-327) mit der Frage beschäftigt, ob der Staat ein Primärdefizit auf Dauer aufweisen kann.

---

[21] Die selbe Aussage gilt auch für die Einführung von sozialen Sicherungssystemen, wie Foley/Michl zeigen (vgl. Foley/Michl 1999, S. 245-250).
[22] Im neoklassischen Wachstumsmodell von Solow ergibt sich ein Wachstum durch Kapitalakkumulation bei exogen gegebenem Bevölkerungswachstum. Die exogen gegebene Wachstumsrate des Arbeitsangebotes bestimmt mit die Wachstumsrate des Kapitalstocks und letzlich die Wachstumsrate des Sozialproduktes. Im Wachstumsgleichgewicht muss somit gelten:
$$\overline{w} = g_k = g_y$$
Bei Abweichungen von dieser Bedingung (z.B. durch exogene Schocks) kehrt das System wieder auf den ursprünglichen Wachstumspfad zurück; die Stabilitätsanalyse zeigt, dass sich die gleichgewichtige Wachstumsrate g_y nach einer gewissen Anpassungszeit jederzeit wieder einstellt (vgl. Neumann 1994, S. 9-17).
[23] Vgl. Abschnitt 4.2

Über die Frage nach der Begrenzung der Staatschuld hinaus kann die Modellierung auch um zusätzliche Bereiche erweitert werden. So wird in Abschnitt 4.2.3 etwa das Ausland in die Modellierung eingeführt oder aber es kann eine realistischere Modellierung der demographischen Entwicklung angestrebt werden. Bommier und Lee zeigen den Nutzen von Modellen, die eine bestimmte Verteilung der Sterbewahrscheinlichkeiten annehmen (vgl. Bommier/Lee 2003, S. 135-160).[24]

Eine weitere stochastische Betrachtungen in OLG-Modellen stammt von Hauenschild, der die Auswirkungen von sozialen Sicherungssystemen in einem stochastischen OLG-Modell untersucht (vgl. Hauenschild 2002, S. 201-216). Durch die enge Verknüpfung von sozialer Sicherung und Staatsschuld[25] kann eine solche Erweiterung der Modellierung auch für die Staatsverschuldung vorgenommen werden.

4.2.2 Grenzen der Staatsverschuldung

In diesem Abschnitt soll auf Diamonds OLG-Modell (vgl. Diamond 1965, S.1126-1150 und Abschnitt 3.3 dieser Arbeit) zurückgegriffen werden, um die Grenzen der Staatsverschuldung im Kontext eines OLG-Modells zu untersuchen. Als Grenze der Staatsverschuldung bzw. maximale Staatsverschuldung („maximum sustainable debt") soll der Schuldenstand[26] angesehen werden, bei dem eine weitere, infinitesimal kleine Erhöhung der Staatsverschuldung zu einem Zusammenbruch der betrachteten Ökonomie führt. Dieser Zusammenbruch erklärt sich im Modell durch eine unkontrollierte Kapitaldekumulation (vgl. Rankin/Roffia 2003, S. 217).

Die Untersuchung von Rankin und Roffia zielt zum einen darauf ab, die Frage der Existenz einer endlichen maximalen Schuldengrenze („maximum sustainable debt") zu beantworten. Weiterhin sollen die Auswirkungen für eine Ökonomie dargestellt werden, die sich ergeben, wenn eine solche Schuldengrenze erreicht wird. Es zeigt sich, dass zwischen zwei Fällen zu differenzieren ist:

- Im ersten Fall erreicht eine Schlüsselvariable (hier: der Kapitalstock) den äußersten Rand seines zulässigen Definitionsbereiches (hier: Kapitalstock=0). Dieser Fall wird von den Autoren als *Degeneration* („degeneracy") bezeichnet.

---

[24] Herkömmliche OLG-Modelle unterstellen eine Lebzeit der Agenten von 2 bis n Perioden. Von einer Unsicherheit des Todeseintritts wird abgesehen.
[25] Vgl. Abschnitt 4.1.1.
[26] Es sei hier darauf hingewiesen, dass sich die Ausführungen nicht auf Budgetdefizite pro Periode (Stromgröße), sondern auf Schuldenstände (Bestandsgröße) beziehen.

- Im zweiten Fall bleiben alle Variablen in ihrem zulässigen Definitionsbereich und dennoch stellt sich kein Gleichgewicht ein. Dieser Fall wird *inneres Maximum* („interior maximum") genannt.[27]

In Diamonds OLG-Modell existiert generell ein inneres Maximum der Staatsverschuldung. Für die praktische Wirtschaftspolitik ergibt sich die Notwendigkeit diese Grenze beziffern zu können, da „exceeding the limit is like walking off a cliff: one step too far sets off an implosion of the capital stock" (Rankin/Roffia 2003, S. 220).

Bei der Untersuchung der Existenz der Grenzen der Staatsverschuldung wird zwischen drei verschiedenen Maßen der Staatsverschuldung differenziert:

1) Staatsverschuldung (exklusive Zinsen, die zur Finanzierung der Staatsschuld anfallen)

2) Staatsverschuldung (inklusive Zinsen, die zur Finanzierung der Staatsschuld anfallen)

3) Zinszahlungen, die zur Finanzierung der Staatschuld anfallen

Rankin/Roffia weisen für alle drei Fälle die Existenz eines inneren Maximums nach[28]. Daraus schließen sie, dass in einer OLG-Ökonomie eine endliche, maximale Schuldengrenze existiert, bei deren Überschreitung die modellierte Ökonomie auf einem Pfad gelangt, der zu einer unkontrollierten Kapitaldekumulation führt (Rankin/Roffia 2003, S.220-224).[29]

4.2.3 Berücksichtigung des Auslandes

Als zusätzliche Erweiterung der einfach gehaltenen Modellierungen des Abschnitts 4.1 lässt sich der Außenhandel in die Betrachtung einbeziehen und Aspekte der Finanzierungsentscheidung des Staates diskutieren (vgl. Ganske 1999, S. 173).

Ganske erweitert das OLG-Modell zunächst um die Staatsverschuldung, in einer zunächst jedoch noch geschlossenen Ökonomie. Diese Vorgehensweise entspricht der Vorgehensweise des Abschnittes 4.1. (vgl. Ganske, 1999 S.175).

Die Modellierung wird im weiteren Verlauf zunächst auf eine zwei Länder-Betrachtung und dann auf eine Betrachtung der Auswirkungen der Staatsverschuldung in der integrierten Weltwirtschaft ausgedehnt. Hierbei wird untersucht, wie sich die Verschuldung des inländischen Staates auf die Weltwirtschaft auswirkt. Unter der Annahme, dass sich das

---

[27] Als besonders interessant stellt sich der Fall des inneren Maximums dar, da hier eine infinitesimal kleine Erhöhung der Staatsverschuldung zu einem Prozess der vollständigen Kapitaldekumulation führt. Dagegen ist im Fall der Degeneration bereits eine extreme Situation der Allokation erreicht, wodurch die Auswirkungen nicht so dynamisch sind wie im Fall des inneren Maximums.
[28] Die Herleitung der Ergebnisse findet sich im Anhang C dieser Arbeit.
[29] Rankin/Roffia erweitern die vorgestellte Analyse noch, in dem sie die Verteilung der Steuerbelastung zwischen jung und alt einbeziehen. Als zusätzliche Erweiterung öffnen Rankin/Roffia die betrachtete Ökonomie, wodurch sich einige Ergebnisse in der Gestalt ändern, dass nun auch der Fall der Degeneration eintreten kann. Weiterhin generalisieren die Autoren die Präferenzen der modellierten Haushalte von einer Cobb-Douglas-Nutzenfunktion auf eine CES-Funktion. Auch bei dieser Generalisierung lassen sich innere Maxima der Staatsschuld nachweisen (Rankin/Roffia 2003, S.229-230).

Ausland völlig passiv verhält, d.h. einen ausgeglichenen Haushalt aufweist und der Annahme, dass im Inland und Ausland unterschiedliche Zeitpräferenzen[30] vorliegen, werden Auswirkungen der Staatsverschuldung auf Zins, Konsum, Wohlfahrt und auf die Zahlungsbilanz untersucht. Es wird konkret angenommen, dass Ausländer ungeduldiger sind als Inländer und somit eine höhere Zeitpräferenz besitzen. Es folgt, dass der ausländische Autarkiezinssatz höher ist als der inländische.

Als Auswirkung einer inländischen Staatsverschuldung in der integrierten Weltwirtschaft erhöht sich der Zinssatz. Die aggregierte Weltnachfrage der jungen Generation sinkt und die der alten Generation erhöht sich.

Differenziert man nach Inland und Ausland, so resultiert, dass die Wohlfahrt der inländischen Akteure durch die Staatsverschuldung sinkt und die der Ausländer erhöht wird (vgl Ganske 1999, S. 179). In der Modellierung von Ganske zeigt sich somit, dass unter den getroffenen Annahmen eine Verschuldung des Inlands wohlfahrtsmindernd für die inländische Bevölkerung ist.

Als Kritik der Modellierung von Ganske ist anzumerken, dass eine vollständig identische Technologie von Inland und Ausland angenommen wird. Per Annahme gilt lediglich eine unterschiedliche Zeitpräferenz zwischen Inland und Ausland.

Durch diese vereinfachende Annahme ist das Modell jedoch nur bedingt für eine Analyse der Wirkungen von Staatsverschuldung in einer integrierten Weltwirtschaft geeignet, da gerade die Technologieunterschiede zweier Länder eine starke Auswirkung auf die oben beschriebenen ökonomische Größen haben. Exemplarisch soll hier auf eine Untersuchung von Lin verwiesen werden, welche verdeutlicht, dass Modelle mit höherem Erklärungsgehalt weitere Unterschiede zwischen Ländern aufnehmen müssen (vgl. Lin 1994, 94-105).

Lin untersucht die Auswirkungen der Staatsverschuldung auf den realen Wechselkurs in einem zwei-Länder OLG-Modell.[31] In einer ceteris-paribus Analyse zeigt sich, dass eine Erhöhung der Staatsverschuldung den realen Wechselkurs des Staates mit der relativ höheren Kapitalelastizität des Outputs abwertet, während es den realen Wechselkurs des Landes mit der relativ geringeren Kapitalelastizität des Outputs aufwertet.[32]

In diesem Ergebnis manifestiert sich ganz deutlich die Bedeutung der Technologie für eine Analyse der Auswirkungen der Staatsverschuldung in einer integrierten Weltwirtschaft.

---

[30] Zur intertemporären Entscheidung vgl. (Varian 2001, S. 173-191). So lassen sich Zeitpräferenzen z.B. mittels Indifferenzkurven in einem zweidimensionalen Koordinatensystem darstellen, in welchem die Abzise den Konsum in Periode 1 darstellt und die Ordinate den Konsum in Periode 2 repräsentiert. Die Indifferenzkurven geben mögliche Aufteilungen des Konsums auf die 2 Perioden an, die dem Konsumenten identischen Nutzen stiften.
[31] Anzumerken ist, dass Lin unterschiedliche Technologien der modellierten Länder annimmt, von den Zeitpräferenzunterschieden jedoch absieht.
[32] Diese Elastizitäten repräsentieren gerade unterschiedliche Technologien der modellierten Länder.

5 Ausblick

Die im Abschnitt 4.2 skizzierten Erweiterungen haben jeweils den Charakter von Partialmodellen, d.h. dass bewusst Interdependenzen, die in der realen Welt existieren, zerschnitten werden. Um die Konsequenzen der Staatsverschuldung für die jeweiligen Generationen wirklichkeitsadäquater darzustellen, könnte eine Integration dieser Partialmodelle sinnvoll sein. So könnten z.B. demographische Faktoren, stochastische Einflussgrößen und der Welthandel in eine integrierte Modellierung einbezogen werden, um somit die Auswirkungen der Staatsverschuldung in OLG-Modellen umfassender darzustellen.[33]

Weiterhin ist anzumerken, dass alle präsentierten Modelle deduktiver Natur sind, d.h. es werden aus einem Set von Annahmen jeweils die Implikationen abgeleitet. Aufgrund dieser Vorgehensweise mangelt es den Modellen an empirischen Gehalt, was zwangsläufig den Aussagegehalt der Modelle für die wirtschaftspolitische Praxis einschränkt. Insofern scheint eine ökonometrische Modellierung bzw. Kalibrierung der Modelle durchaus sinnvoll zu sein.

Es ist somit festzustellen, dass die in dieser Arbeit präsentierten Modelle keinesfalls ausreichen, um die aktuelle finanzpolitische Lage der BRD - im Hinblick auf die Auswirkungen für zukünftige Generationen - adäquat zu beurteilen. Der Modellrahmen konnte keinen entsprechenden Detaillierungsgrad annehmen, der eine solche Beurteilung zuließe.

Löst man sich von den OLG-Modellen und betrachtet die aktuelle Finanzpolitk in der BRD und der EU eher unter qualitativen Gesichtspunkten, so ist zu hoffen, dass der Kurs, der durch die Maastricht-Kriterien vorgegeben wurde, in Zukunft rigoroser eingehalten wird. Eine Aufweichung der – eigentlich klar quantitativ und qualitativ beschriebenen – Kriterien kann für das Euro-Währungsgebiet von immenser Gefahr sein. Inflationären Gefahren sollte auf jeden Fall aus dem Weg gegangen werden. Darüber hinaus ist auch zu fragen, ob die gesetzte Schuldenhöchstgrenze von 60% des BIP nicht zu mild angesetzt ist. Angesichts der Tatsache, dass über 10% der Gesamtausgaben des öffentlichen Gesamthaushaltes in der BRD für den Zinsdienst verwendet werden müssen, so ist festzustellen, dass der budgetäre Handlungsspielraum des Staates stark eingeschränkt ist. Will man die Flexibilität des Staates steigern, so ist zwingend eine Reduktion des Schuldenstandes anzustreben. Mit Blick auf die Handlungsfähigkeit zukünftiger Generationen ist zu hoffen, dass in Zukunft ein rigoroserer politischer Kurs des Schuldenabbaus gewählt wird.[34]

---

[33] Eine solche umfassende Modellierung ginge zwar zu Lasten der Handharbbarkeit der Modelle, was jedoch kein Grund dafür sein sollte, diese nicht aufzustellen.
[34] Diese Argumentation sollte nicht als ein Aufruf missverstanden werden, die Staatsschulden vollständig abzubauen. Selbstverständlich ist eine Belastung zukünftiger Generationen in einem bestimmten Ausmaß sinnvoll, da diese Generationen schließlich auch von einigen Leistungen profitieren, die heute erbracht werden und für die eine entsprechende Finanzierung gewählt werden muss.

III Anhang

Anhang A:

Empirische Daten

Tabelle 1: Entwicklung des Finanzierungssaldos und des Schuldenstandes

Kennzahl / Jahr	Finanzierungssaldo (in Mrd. Euro)	Finanzierungssaldo (in % des BIP)	Aufteilung des Finanzierungssaldos (in Mrd. Euro)			Schuldenstand (in Mrd. Euro)	Schuldenstand (in % des BIP)	Aufteilung des Schuldenstandes (in Mrd. Euro)		
			Bund	Länder	Gemeinden			Bund	Länder	Gemeinden
1951	-0,9	1,7	-0,5	-0,3	-0,2	10,5	21,0	3,7	6,5	0,3
1960	-1,6	1	-0,9	1,0	-0,8	26,7	17,2	13,5	7,5	5,7
1970	-4,0	1,2	-1,2	-1,0	-1,8	64,3	18,6	29,6	14,2	20,6
1975	-32,5	6,2	-18,6	-10,1	-3,9	131,1	24,9	58,8	34,3	38,0
1980	-28,0	3,7	-14,3	-11,3	-2,5	239,6	31,6	120,5	70,5	48,7
1985	-21,8	2,3	-12,9	-8,6	-0,3	388,7	41,2	204,1	126,5	58,1
1990	-63,8	5,1	-51,9	-9,7	-2,2	538,7	43,0	277,2	168,1	64,2
1995	-50,0	2,8	-25,3	-22,0	-4,4	1020,5	57,9	387,0	261,6	100,5
2002	-66,3	-3,5	-30,4	-31,2	-4,7	1253,2	60,8	778,6	384,7	89,8
2003	-74,5	-3,9	-34,3	-31,7	-8,5	1325,7	64,2	819,3	414,9	91,5

Quelle: Daten von 1951-1995 (Blankart 1998, S.339-340).
Daten von 2002-2003: Statistisches Bundesamt: www.destatis.de/basis/d/fist/fist021.php, www.destatis.de/basis/d/fist/fist024.php, www.destatis.de/basis/d/fist/fist028.php, www.destatis.de/basis/d/fist/fist029.php.

Tabelle 2: Entwicklung des Finanzierungssaldos und des Schuldenstandes im internationalen Vergleich

Kennzahl Land	Anteil des Finanzierungsdefizits bzw.des Finanzierungsüberschusses des Staates am Bruttoinlandsprodukt			Anteil des Schuldenstandes des Staates am Bruttoinlandsprodukt		
	2001	2002	2003	2001	2002	2003
	in Prozent			in Prozent		
EU zusammen	-1,1	-2,1	-2,7	62,1	61,5	63,0
Belgien	0,5	0,1	0,2	108,1	105,8	100,5
Dänemark	3,1	1,7	1,5	47,8	47,2	45,0
Deutschland	-2,8	-3,5	-3,9	59,4	60,8	64,2
Finnland	5,2	4,3	2,3	43,9	42,6	45,3
Frankreich	-1,5	-3,2	-4,1	56,8	58,6	63,0
Griechenland	-1,4	-1,4	-1,7	106,9	104,7	102,4
Irland	1,1	-0,2	0,2	36,1	32,3	32,0
Italien	-2,6	-2,3	-2,4	110,6	108,0	106,2
Luxemburg	6,3	2,7	-0,1	5,5	5,7	4,9
Niederlande	0,0	-1,9	-3,0	52,9	52,6	54,8
Österreich	0,2	-0,2	-1,1	67,1	66,6	65,0
Portugal	-4,4	-2,7	-2,8	55,6	58,1	59,4
Schweden	2,8	0,0	0,7	54,4	52,6	51,8
Spanien	-0,4	0,0	0,3	57,5	54,6	50,8
Vereinigtes Königreich	0,7	-1,6	-3,2	38,9	38,5	39,8
Beitrittsländer (Mitgliedstaaten seit dem 01.05.2004)						
Estland	0,3	1,8	2,6	4,7	5,7	5,8
Lettland	-1,6	-2,7	-1,8	16,2	15,5	15,6
Litauen	-2,1	-1,4	-1,7	23,4	22,8	21,9
Malta	-6,4	-5,7	-9,7	61,8	61,7	72,0
Polen	-3,5	-3,6	-4,1	36,7	41,2	45,4
Slowakei	-6,0	-5,7	-3,6	48,7	43,3	42,8
Slowenien	-2,7	-1,9	-1,8	26,9	27,8	27,1
Tschechische Republik	-6,4	-6,4	-12,9	25,2	28,9	37,6
Ungarn	-4,4	-9,3	-5,9	53,5	57,1	59,0
Zypern	-2,4	-4,6	-6,3	64,4	67,1	72,2
Zum Vergleich						
Vereinigte Staaten	-0,5	-3,4	.	58,6	60,6	63,1
Japan	-6,1	-7,1	.	142,0	147,8	154,7

Quelle: Statistisches Bundesamt, www.destatis.de/basis/d/fist/fist028.php
und www.destatis.de/basis/d/fist/fist029.php

Anhang B:
Die Modellierung von sozialen Sicherungssystemen in OLG-Modellen

Es werden folgende Annahmen getätigt:
1) Jeder arbeitende Haushalt zahlt Steuern in Höhe von t
2) Jeder pensionierte Haushalt erhält eine Zahlung in Höhe von b

Als Budgetrestriktion gilt:

(B 1) $\quad c^A + s^A = w - t$

(B 2) $\quad c^P = b + (1 + r_{+1})s^A$

(B 3) $\quad c^A + \dfrac{c^P}{1 + r_{+1}} = w - \left(t - \dfrac{b}{1 + r_{+1}}\right)$

Wenn der Haushalt eine Nutzenfunktion des Types Cobb Douglas sowohl für die Erwerbs- als auch für die Rentenperiode maximiert, resultieren folgende Nachfragefunktionen:

(B 4) $\quad c^A = (1 - \beta)\left(w - (t - \dfrac{b}{1 + r_{+1}})\right)$

(B 5) $\quad s^A = w - t - c^A = \beta w - t + (1 - \beta)\left(t - \dfrac{b}{1 + r_{+1}}\right)$

(B 6) $\quad c^P = (1 + r)s^A + b$

Aus dem Saldo der Steuereinnahmen t und der Rentenzahlungen b wird ein Reservefond f gebildet, bei t > b gilt f > 0 und bei t < b gilt f < 0. Überschüsse werden zu r angelegt bzw. etwaige Defizite werden zu r finanziert. Für den Reservefond pro Arbeiter gilt:

(B 7) $\quad f = \dfrac{(1 + r)f_{-1} - b_{-1}}{1 + g_{k-1}} + t$

Da der Reservefond zu r angelegt werden kann, stellt er eine zusätzliche Quelle dar, um den Kapitalstock zu finanzieren:

(B 8) $\quad (1 + g_k)k = s^A + f = \beta w - t + (1 - \beta)\left(t - \dfrac{b}{1 + r_{+1}}\right) + f$

Die Wachstumsgleichungen gelten auch bei Vorhandensein einer sozialen Sicherung. Das Modell kann sowohl unter der klassischen Annahme eines exogenen Lohnes $\bar{w}$ als auch unter der neoklassischen Annahme einer exogenen Wachstumsrate der Arbeitskraft $\bar{n}$ geschlossen werden.

Der Einfluss der sozialen Sicherung auf den Wachstumspfad einer Volkswirtschaft in einem OLG-Modell hängt davon ab, welcher Anteil der Steuern in einem Reservefond f angelegt wird.

In einem System mit vollständiger Kapitaldeckung werden die Steuereinahmen t einer Generation zu r am Markt angelegt, indem der Staat entweder Bonds oder Anteile von Unternehmen erwirbt. Zu jedem Zeitpunkt ergibt sich in der betrachteten Ökonomie eine Reserve f = t pro arbeitenden Haushalt. Hierdurch ergibt sich weiterhin, dass die Reserve eines Rentensystems mit vollständiger Kapitaldeckung mit der gleichen Rate wächst, wie die Arbeitskraft.

Es ergibt sich als Beziehung zwischen Steuerzahlung und Rentenzahlungen:

(B 9) $\qquad b = (1 + r_{+1})t$

In einem System mit vollständiger Kapitaldeckung ergeben sich keine Auswirkungen auf die Allokation der Ressourcen. Haushalte konsumieren in beiden Perioden in gleicher Höhe, unabhängig von der Größe des sozialen Sicherungssystems.

Formal lässt sich dieses zeigen, wenn man bedenkt, dass bei $b = (1 + r_{+1})t$, das diskontierte Einkommen eines Haushaltes, welches in die Budgetrestriktion eingeht, dem Einkommen entspricht, welches sich bei $b = t = 0$ ergibt. Dieses lässt sich auch dem folgenden Ausdruck entnehmen, wenn man $f = t$ und $b = (1 + r_{+1})t$ setzt:

(B 10) $\qquad (1 + g_k)k = \beta w + (f - t) + (1 - \beta)\left(t - \dfrac{b}{1 + r_{+1}}\right) = \beta w$

In einem Rentensystem mit vollständiger Kapitaldeckung sparen und investieren die Haushalte durch das soziale Sicherungssystem zu den gleichen Bedingungen, wie sie es individuell täten (vgl. Foley/Michl 1999, S.243-247).[35]

---

[35] Die Rentensysteme der meisten Länder sind jedoch nur teilweise durch Kapital gedeckt. In dem Extremfall eines Systems ohne Reserve, ergibt sich für jeden Lohnsatz eine niedrigere Ersparnis. Im klassischen OLG-Modell ergibt sich eine geringere Wachstumsrate g_y für jeden Lohn $\bar{w}$ und für jede Wachstumsrate der Vorperiode.

Anhang C:

Existenz von Schuldengrenzen im OLG-Modell von Diamond

I) Die Struktur der modellierten Ökonomie:

- es gibt eine konstante Anzahl von Agenten, die jeweils zwei Perioden leben.
- Die Agenten sind absolut identisch. Somit kann eine Normierung der Anzahl der Agenten auf eins vorgenommen werden.[36]

Der typische Haushalt hat eine Cobb-Douglas - oder äquivalent – eine log-lineare Nutzenfunktion bzgl. der Konsumniveaus c_t^A, c_{t+1}^P:

(C 1) $u = \beta \ln c_t^A + (1-\beta) \ln c_{t+1}^P$ mit $0 < \beta < 1$

Die Haushalte arbeiten lediglich, wenn sie jung sind. Das Arbeitsangebot ist exogen gegeben und auf 1 normiert. Die Haushalte können Konsum von Periode t in Periode t + 1 transferieren, indem sie Ersparnisse in Höhe von s bilden, für die sie einen Zinssatz r_{t+1} am Kapitalmarkt erhalten. Weiterhin werden Steuern in Höhe von (τ_t^A, τ_{t+1}^P) in der jeweiligen Periode fällig. Es gilt ferner, dass das gesamte Steueraufkommen in Periode t in fester Proportion zwischen der arbeitenden Generation und der pensionierten Generation aufgeteilt wird. Somit gilt:

(C 2) $\tau_t^A = (1-\gamma)\tau_t$ bzw. $\tau_t^P = \gamma\tau_t$ mit $0 < \gamma < 1$

Die Konsumenten haben sich daher an folgende Budgetbeschränkung zu halten:

(C 3) $w_t - (1-\gamma)\tau_t = c_t^A + s_t$ bzw. $(1+r_{t+1})s_t - \gamma\tau_{t+1} = c_{t+1}^P$

Maximierung der Zielfunktion (C 1) unter Berücksichtigung der Budgetbeschränkung (C 3) führt zu folgendem Ausdruck:

(C 4) $1 + r_{t+1} = \dfrac{\beta}{\beta+1} \dfrac{c_{t+1}^P}{c_t^A}$

Im neoklassischen Modell ergibt sich eine höherer Lohn für jede Wachstumsrate $\bar{n}$ der Arbeitskraft und für jede antizipierte Profitrate der Folgeperiode (vgl. Foley/Michl 1999, S. 247-250).
[36] Es wird in diesem Beispiel vom technischen Fortschritt und von Bevölkerungswachstum abgesehen, da lediglich die Existenz von Grenzen der Staatsverschuldung bewiesen werden soll. Wollte man diese Grenzen quantitativ abschätzen, müssten diese und darüber hinaus viele zusätzliche Aspekte berücksichtigt werden, um die reale Welt adäquat zu beschreiben.

Gemäß Gleichung (C 4) muss im Konsumoptimum der Zinssatz proportional zum Wachstum des Konsums sein. Mit Gleichung (C 4) und der Budgetbeschränkung (C 3) ergibt sich die Sparfunktion der Haushalte:

$$(C\ 5) \qquad s_t = (1-\beta)[w_t - (1-\gamma)\tau_t] + \beta \frac{\gamma \tau_{t+1}}{1 + r_{t+1}}$$

Die typische Firma der betrachteten Ökonomie hat eine linear homogene Produktionsfunktion des Cobb-Douglas-Types:

$$(C\ 6) \qquad y_t = k_t^\alpha l_t^{1-\alpha} \quad \text{mit} \quad 0 < \alpha < 1$$

Hierbei stellt k_t den Kapitalstock und l_t den Arbeitsinput in t dar. Eine Gewinnmaximierung unter der Annahme der Geltung des Ertragsgesetzes führt zu:

$$(C\ 7) \qquad r_t = \alpha k_t^{\alpha-1} l_t^{1-\alpha} \quad \text{und} \quad w_t = (1-\alpha) k_t^\alpha l_t^{-\alpha}$$

Schließlich muss bei einer Räumung des Gütermarktes in Periode t folgende Bedingung erfüllt sein:

$$(C\ 8) \qquad y_t = c_t^A + c_t^P + k_{t+1} - k_t$$

ii) Grenzen der Staatsverschuldung

Bei der Untersuchung der Existenz der Grenzen der Staatsverschuldung wird in der Analyse zwischen drei verschiedenen Maßen der Staatsverschuldung differenziert:[37]

1) Staatsverschuldung (exklusive Zinsen, die zur Finanzierung der Staatsschuld anfallen)

2) Staatsverschuldung (inklusive Zinsen, die zur Finanzierung der Staatsschuld anfallen)

3) Zinszahlungen, die zur Finanzierung der Staatschuld anfallen

Der Fokus der Analyse wird auf die Interaktion zwischen Staatsverschuldung und Kapitalstock gerichtet, d.h. es wird zu jedem Kapitalstock untersucht, welche Staatsverschuldung zulässig ist, um ein steady-state Gleichgewicht zu ermöglichen.

Zu 1) Staatsverschuldung (exklusive Zinsen, die zur Finanzierung der Staatsschuld anfallen)

B_t gibt die Staatsverschuldung exklusive der hierfür fälligen Zinzzahlungen an, die bis zum Zeitpunkt t in der modellierten Ökonomie kumuliert wurde. Als Budgetgleichung des Staates

---

[37] Vgl. Abschnitt 4.2.2

ergibt sich unter der vereinfachenden Annahme, dass keine Staatsausgaben für Güter getätigt werden:

(C 9) $\quad B_{t+1} - B_t = rB_t - \tau_t$

In einem steady-state Gleichgewicht, in welchem B über die Zeit konstant sein soll, muss folglich $\tau = rB$ gelten.

Für die Räumung des Kapitalmarktes in Periode t muss das Angebot der arbeitenden Generation an Kapital s_t der Nachfrage nach Kapital der Unternehmen k_{t+1} und des Staates B_{t+1} entsprechen:

(C 10) $\quad s_t = B_{t+1} + k_{t+1}$

Um eine Gleichgewichtsbedingung zwischen B und k zu ermitteln, werden die Werte der Variablen als stationär angesehen.[38] Weiterhin wird s_t durch Gleichung (C 5) substituiert (mit $\gamma = 0$) und $\tau = rb$ gesetzt. Durch zusätzliche Substitution von w und r durch Gleichung (C 7) und entsprechender Umformung ergibt sich:

(C 11) $\quad B = \dfrac{(1-\beta)(1-\alpha)k^\alpha - k}{1 + (1-\beta)\alpha k^{\alpha-1}}$

Den Verlauf von Gleichung (C 11) kann man mit folgender Graphik veranschaulichen:

Abbildung 1: Zusammenhang zwischen Kapitalstock und maximal zulässiger Staatsschuld

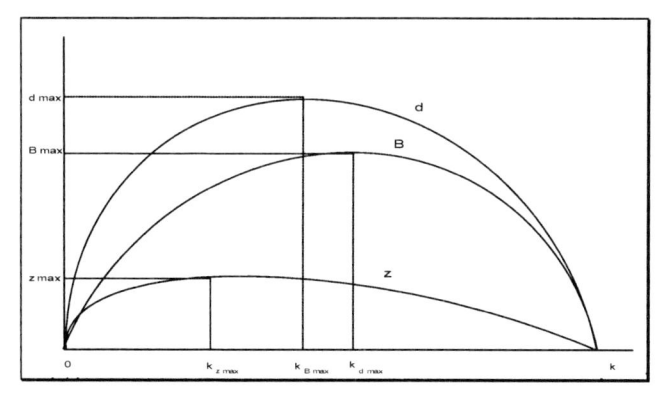

Quelle: Eigene Darstellung in Anlehnung an (Rankin/Roffia 2003, S. 225)

---

[38] Diese wird durch den Verzicht auf die Zeitindizierung angezeigt.

Der Staat kann keine Situation überstehen, indem die Staatsverschuldung dauerhaft über B_{max} liegt. Weiterhin verdeutlicht Abbildung 1, dass $k_{B\,max} > 0$ gilt. Dies bedeutet, dass ein inneres Maximum der Staatsschuld vorliegt, da der Kapitalstock k im Inneren des Intervalls $[0,\infty)$ liegt.[39] Dieses ist als der ökonomisch interessantere Fall zu betrachten, da sich keine Randlösung oder Degeneration ergibt, in der $k = 0$ bereits unmittelbar gilt.[40]

Zu 2) Staatsschuld (inklusive Zinsen, die zur Finanzierung der Staatsschuld anfallen)

In dem Fall der Staatsschuld inklusive der zugehörigen Zinszahlungen gilt $d = (1+r)B$, wobei d die Staatsverschuldung inklusive der Zinsen darstellt. Die durch (C 11) angegebene Beziehung zwischen B und k kann durch Multiplikation von (C 11) mit $1+\alpha k^{\alpha-1}$ aufrechterhalten werden. Durch Umformung ergibt sich:

(C 12) $$d = \frac{1}{1-\beta}\left[1 - \frac{\beta}{1+(1-\beta)\alpha k^{\alpha-1}}\right]\left\{(1-\beta)(1-\alpha)k^{\alpha} - k\right\}$$

Aus Abbildung 1 wird deutlich, dass d ein Maximum für ein k innerhalb des Intervalls $[0, k]$ annimmt. Auch für die Grenze der Staatsverschuldung (inklusive Zinsen) ergibt sich somit ein inneres Maximum.

Zu 3) Zinszahlungen, die zur Finanzierung der Staatsschuld anfallen

Als letzter Fall sollen die Zinszahlungen des Staates $z = rB$ betrachtet werden. Es gilt ferner $z = d - B$, daher kann die z-Kurve in Abbildung 1 als Differenz zwischen d- und B- Kurve bestimmt werden. Es ergibt sich ein Verlauf der Funktion, der strikt oberhalb der k-Achse verläuft. Auch für den Fall der z-Kurve ergibt sich die Existenz eines inneren Maximums $k_{z\,max}$ und nicht der Fall einer Degeneration. Der maximale Wert der Zinszahlungen z_{max} ergibt sich daher für ein k innerhalb des Intervalls $[0,\infty)$ (Rankin/Roffia 2003, S. 224-227).

---

[39] Die Existenz genau eines lokalen Maximums kann auch algebraisch bewiesen werden (vgl. hierzu Rankin/Roffia 2003, S.227).

[40] Die Frage, was passiert, wenn der Staat die Staatsverschuldung B^* dauerhaft um einen Betrag ε überschreitet, wird von Rankin/Roffia ebenfalls beantwortet. Die Ökonomie gleitet auf einen Pfad ab, auf welchem der Kapitalstock letzlich auf Null sinkt (vgl. Rankin/Roffia 2003, S. 230-236).

IV Literaturverzeichnis

Andel, N (1999): Finanzwissenschaft. 4. vollständig überarbeitete Auflage, Tübingen.

Barro, R. J. (1974): Are government bonds net wealth?. In: Journal of Political Economy, 81, Nr. 6, S. 1095-1117.

Blankart, C. B. (1998): Öffentliche Finanzen in der Demokratie. 3. Auflage, München.

Bommier, A./ Lee, R. D. (2003): Overlapping generations models with realistic demography. In: Journal of population economics, 16, Nr. 1, S. 135-160.

Chalk, N.A. (2000): The sustainability of bond-financed deficit: An overlapping generations approach. In: Journal of monetary economics, 45, Nr. 2, S. 293-328.

Diamond, P. (1965): National Debt in a neoclassical growth model. In: American Economic Review, 55, Nr. 5, S. 1126-1150.

Foley, D. K./ Michl, T. R. (1999): Growth and Distribution. 1.Auflage, Cambridge/London.

Ganske, M. (1999): Intertemporale Aspekte von Staatsverschuldung und Außenhandel. 1. Auflage, Frankfurt a.M..

Hauenschild, N. (2002): Capital Accumulation in a Stochastic Overlapping Generations Modell with social security. In: Journal of economic theory, 106, Nr. 1, S. 201-216.

Kotlikoff, L. J. (1988): Intergenerational transfers and savings. In: Journal of Economic Perspectives, 2, Nr. 2, S. 41-58.

Lin, S. (1994): Government Debt and the Real Exchange Rate in an Overlapping Generations Modell. In: Journal of economic integration, 9, Nr.1, S. 94-105.

Modigliani, F. (1988): The role of intergenerational transfers and life cycle saving in the accumulation of wealth. In: Journal of Economic Perspectives, 2, Nr. 2, S. 15-40.

Neumann, M. (1994): Theoretische Volkswirtschaftslehre III. 2. überarbeitete Auflage, München.

Samuelson, P. A. (1958): An exact consumption-loan model of interest with or without the social contrivance of money. In:Journal of Political Economy, 66, Nr. 6, S. 467-482.

Statistisches Bundesamt: Öffentliche Finanzen – Schuldenstand in Euro je Einwohner (04.06.2004), http://www.destatis.de/basis/d/fist/fist021.php **(03.12.2004).**

Statistisches Bundesamt: Öffentliche Finanzen – Schuldenstand in Euro je Einwohner (04.06.2004), http://www.destatis.de/basis/d/fist/fist024.php **(03.12.2004).**

Statistisches Bundesamt: Öffentliche Finanzen – Schuldenstand in Euro je Einwohner (04.06.2004), http://www.destatis.de/basis/d/fist/fist025.php **(03.12.2004).**

Statistisches Bundesamt: Öffentliche Finanzen – Schuldenstand in Euro je Einwohner (19.05.2004), http://www.destatis.de/basis/d/fist/fist028.php **(03.12.2004).**

Statistisches Bundesamt: Öffentliche Finanzen – Schuldenstand in Euro je Einwohner (19.05.2004), http://www.destatis.de/basis/d/fist/fist029.php **(03.12.2004).**

Rankin, N./ Roffia, B. (2003): Maximum Sustainable Government Debt in the Overlapping Generations Modell. In: Manchester School of Economic and Social Studies: The Manchester School and Social Studies, 71, Nr. 3, S. 217-241.

Varian, H. R. (2001): Grundzüge der Mikroökonomik. 5. überarbeitete Auflage, München, Wien.